온마음 시편 쓰기성경®

SELF WRITING BIBLE

하나님은 우리의 피난처시요 힘이시니 환난 중에 만날 큰 도움이시라 그러므로 땅이 변하든지 산이 흔들려 바다 가운데에
빠지든지 바닷물이 솟아나고 뛰놀든지 그것이 넘침으로 산이 흔들릴지라도 우리는 두려워하지 아니하리로다 (셀라) 시 46:1-3

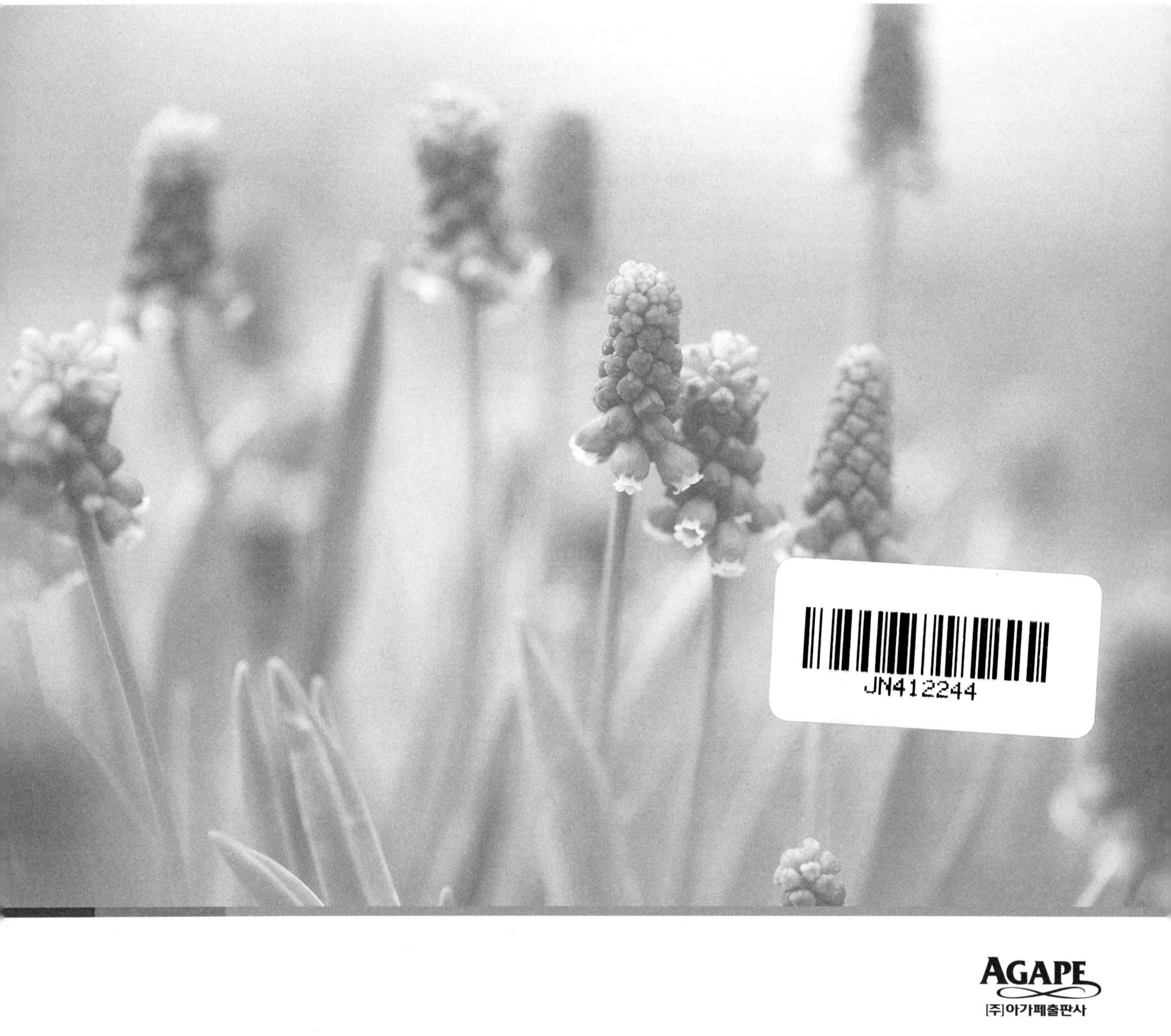

AGAPE
[주]아가페출판사

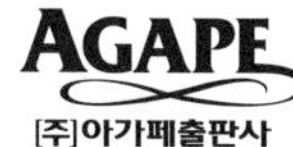

하나님은 우리의 피난처시요 힘이시니
환난 중에 만날 큰 도움이시라
그러므로 땅이 변하든지
산이 흔들려 바다 가운데에 빠지든지
바닷물이 솟아나고 뛰놀든지
그것이 넘침으로 산이 흔들릴지라도
우리는 두려워하지 아니하리로다 (셀라)

시 46:1-3

| 필 사 자 |

| 시 작 한 날 | 년 월 일

| 마 감 한 날 | 년 월 일

일러두기

온마음 쓰기성경을 시작하시는 분들께

1. 기도로 시작하세요.
한 글자 한 글자를 쓰는 동안 살아있는 하나님의 말씀이 내 안에 들어올 수 있도록 기도합니다.

2. 말씀의 의미를 마음에 새기면서 쓰세요.
단순히 한 번 쓰는 것이 목적이 아닙니다. 말씀의 의미를 이해하면서 써 나갈 수 있도록 주의를 기울이세요.

3. 다 쓰고 나면 꼭 말씀을 묵상하세요.
묵상이란 말씀을 깊이 생각하면서 내 것으로 만드는 시간입니다. 쓰기를 마친 후에는 말씀이 내게 주시는 깨달음에 대해 묵상하는 시간을 꼭 가지세요.

4. 적당한 분량을 정해 놓고 매일 꾸준히 쓰세요.
한꺼번에 많은 양을 쓰려고 하지 마세요. 적당한 분량을 매일 꾸준히 쓰는 것이 중요합니다.

1. 성경은 성령님의 감동으로 이루어진 하나님의 말씀입니다.(딤후 3:16)
- 성령님을 의지하는 겸손한 믿음으로 시작하십시오.

2. 성경은 주야로 묵상하여야 할 우리 삶의 지침입니다.(시 1:2)
- 삶이 변화되기를 바라는 간절한 마음이 필요합니다.

3. 성경은 우리를 하나님의 사람으로 온전케 하는 진리입니다.(딤후 3:17)
- 회개의 기도는 신자들의 호흡입니다.

4. 성경은 일점일획도 변함없이 이루어질 하나님의 약속입니다.(마 5:18)
- 굳건한 신뢰의 마음으로 써야 합니다.

5. 성경은 사람을 구원에 이르게 하는 지혜의 말씀입니다.(요 20:31; 딤후 3:15)
- 구원의 기쁨을 노래하는 마음으로 기록합니다.

6. 성경 말씀은 성령께서 쓰시는 검(劍)입니다. 영적 전투의 공격용 무기입니다.(엡 6:17)
- 그리스도의 좋은 군사로서, 진리를 위하여 싸우는 담대한 자세가 요청됩니다.

7. 성경 말씀의 핵심은 하나님을 사랑하며, 이웃을 사랑하는 것입니다.(마 22:37-40)
- 사랑을 배우고 행하는 사람으로서의 태도가 필수적입니다.

8. 매일 시간을 정해 놓고 하며, 기도로 시작하여 기도로 끝냅니다.
- 하루 24시간의 십일조(2.4시간)를 성경 쓰기에 드리면, 한 해에 성경 전체를 완필할 수 있습니다.

온마음 쓰기성경® 활용법

'개역개정 큰글성경'(아가페출판사)을 참고하여 쓰시면 가장 좋습니다.

시편 Psalms

소제목을 쓰시면 됩니다. ········ 제일권

장 숫자 수록 ········ 1 복 있는 사람은 악인들의 꾀를 따
르지 아니하며 죄인들의 길에 서지
아니하며 오만한 자들의 자리에 앉
지 아니하고

절 숫자 수록 ········ 2 오직 여호와의 율법을 즐거워하여
그의 율법을 주야로 묵상하는도다

3 그는 시냇가에 심은 나무가 철을
따라 열매를 맺으며 그 잎사귀가
마르지 아니함 같으니 그가 하는
모든 일이 다 형통하리로다

4

성경을 보시면서 절에 맞춰 성경 본문을 쓰시면 됩니다. ········ 5

6

2

2

3

4

5

6

7

8

9

10

11

12

3

1

시편

제목

이 책의 명칭은 영어로는 'Psalm'인데, 칠십인역의 헬라어 명칭 '프살모이'(Psalmoi)를 음역한 것으로서, 그 뜻은 "수금을 치며 부르는 노래"이다. 히브리 원문의 명칭은 "시(詩)들의 책"이란 뜻이며, 한글 개역 성경의 '시편'이란 명칭도 이 히브리 원어의 뜻을 반영한 이름이다.

저자와 저작 연대

대부분은 다윗이 기록하였다. 그러나 적어도 6명의 다른 기록자들이 있다. 즉 모세, 솔로몬, 아삽, 에단, 헤만, 고라 자손 등이다. 몇몇의 시편은 누가 기록했는지 모른다. 150편 중 100편은 그 저자의 이름을 밝히고 있다. 저자별로 분류하면 다음과 같다.

⑴ 다윗의 시-일흔세 편(3-9, 11-32, 34-41, 51-65, 68-70, 86, 101, 103, 108-110, 122, 124, 131, 133, 138-145) ⑵ 고라 자손의 시-열 편(42, 44-49, 84, 85, 87) ⑶ 아삽의 시-열두 편(50, 73-83) ⑷ 솔로몬의 시-두 편(72, 127) ⑸ 에단의 시-한 편(89) ⑹ 모세의 시-한 편(90) ⑺ 고라 자손 헤만의 시-한 편(88). 저작 연대는 B.C. 1450-1430년 사이(기록자들이 여러 명이기 때문에 기록 기간이 길어졌다. 하지만 대부분의 시편들은 B.C. 1000년 경에 기록되었다)이다.

기록 장소와 대상

여러 사람이 기록했기 때문에 여러 곳에서 기록되었다. 시편은 이스라엘 백성을 대상으로 기록되었다.

핵심어 및 내용

시편의 핵심어는 "찬양"과 "신뢰"이다. 150편의 시편들은 하나님의 위대하신 성품, 그분이 행하신 일들과 앞으로 행하실 일들에 대한 찬양을 주로 다루고 있다. 시편 기자들은 자기의 백성을 보호하시고 사랑하시며 구원하시는 하나님을 온전히 신뢰하라고 계속해서 명령하고 있다.

시편의 구성상 분류

총 150편의 시들이 다섯 권의 책으로 구분되어 있는데, 이것은 모세의 율법이 다섯 권으로 나뉘어 있는 것과 관련이 있는 듯하다. 그러나 이 구분은 후대에 나누어진 것이므로 절대적인 것이 못 된다. 그 구분은 다음과 같다. 제1권: 1-41편, 제2권: 42-72편, 제3권: 73-89편, 제4권: 90-106편, 제5권: 107-150편.

주요 사건 연대

B.C.

사울의 기름부음 받음 (삼상 10:1-27)과 왕정 시대의 개막
B.C. 1050

다윗의 기름부음 받음 (삼상 16:1-13)
B.C. 1025

다윗과 골리앗의 싸움 (삼상 17:1-54)
B.C. 1020

사울의 자객으로부터 도망치는 다윗 (59, 142편)
B.C. 1020

가드로 도피한 다윗 (34, 52, 56편)
B.C. 1020

다윗의 왕위 등극 (삼하 2:1-4; 대상 11:1-3)
B.C. 1010

예루살렘으로 옮겨진 법궤 (68, 132편)
B.C. 1003

다윗과 밧세바의 불륜 (51편)
B.C. 991

압살롬의 반란 (61편)
B.C. 979

솔로몬의 왕위 계승과 다윗 왕의 죽음 (왕상 1:32-53; 대상 29:20-30)
B.C. 970

성전 건축 (왕상 6:1-38; 대하 3:1-7:10)
B.C. 966-959

왕궁 건축 (왕상 7:1; 대하 7:11)
B.C. 959-946

B.C.

여로보암의 반역 (왕상 11:26–40) B.C. 935	솔로몬 왕의 죽음과 르호보암의 등극 (왕상 11:43–12:1; 대하 9:29–10:11) B.C. 931
여로보암의 즉위와 남북의 분열 (왕상 12:20–33; 대하 10:16–19) B.C. 931	앗수르에 의한 북쪽 이스라엘의 멸망 (왕하 18:9–12) B.C. 722
바벨론에 의한 남쪽 유다의 멸망과 바벨론 유수 (79, 102편) B.C. 586	바사 왕 고레스의 포로 석방에 대한 포고령 (대하 36:22–23; 스 1:1–4) B.C. 538
스룹바벨에 의한 제1차 포로 귀환 (85, 126편) B.C. 538	스룹바벨에 의한 성전 재건 (스 5:1–17) B.C. 520–516

시편의 유형상 분류

시편은 네 가지 유형으로 구성되어 있다. 신앙 공동체의 시, 개인적인 신앙 고백의 시, 찬양의 시, 왕의 시(Royal Psalm) 등이다.

(1) 신앙 공동체의 시 : 하나님 백성 전체가 그 주체가 되는 시이다. 당연히 주어가 복수로 나타난다. 공동체의 애가와 공동체의 감사시로 다시 나눌 수 있다.

(2) 개인적인 신앙 고백의 시 : 대부분의 시들이 이 유형에 속한다. 신앙 공동체의 시와 같이 애가와 감사시로 나뉜다.

(3) 찬양의 시 : 찬미의 대상에 따라서 분류된다. (1) 창조주 하나님의 위대하심을 찬양하는 시(8, 19, 29, 104편) (2) 시온의 아름다움을 찬미하는 시(46, 48, 76, 84, 87, 122, 137편) (3) 구속의 역사를 찬미하는 시(78, 81, 105, 106, 111, 114, 135, 136편) (4) 하나님의 왕국을 찬미하는 시(24, 27, 68, 93, 95–99편) (5) 하나님의 율법을 찬미하는 시(1, 19, 119편) (6) 이러한 것들이 혼합되어 있는 시(33, 103, 113, 115, 145–150편 등). 전형적인 형태의 찬양의 시는 서곡과 본곡과 종곡으로 나뉘는데, 117편이 그 좋은 예이다.

(4) 왕의 시 : 왕의 시(메시아 시)는 물론 직접적으로는 왕에 대한 찬양이지만, 여호와의 기름부음을 받았다는 데에 찬양의 의미를 부여하므로 결국 이러한 시들은 메시아를 내다보는 예언적 성격을 지니게 된다.

(5) 그 밖의 시 : 이상의 네 가지 구분 이외에도 지혜시라고 부를 수 있는 것들이 있다. 인간의 바른길을 제시하는 시편으로서 127편, 128편, 133편 등이 있으며, 인생의 생존 문제를 다룬 시로 16편, 37편, 49편, 73편 등이 있다.

시편의 사상

(1) 하나님 개념의 특징 : 어떤 학자들은 시편의 유일신 사상을 부인한다. 그 근거로 제시하는 것이 "하나님과 같이 위대하신 신이 누구오니이까"라는 구절이다. 그러나 시편에서 혹시 "신들 중에…"(86:8)와 같은 표현이 있다 할지라도 그것은 다른 신을 인정하는 말이 아니다. 오히려 시편 기자는 "주만이 하나님"이시며(86:10), 다른 신이라 불리는 것들의 실상은 "사람의 손으로 만든 것"(135:15)이라고 고백한다. 때문에 다른 우상과 하나님을 비교하는 듯한 구절도 자세히 살펴보면 하나님의 왕권 사상을 나타내는 것이다(95:3–6).

(2) 시편이 이해한 죄악 : 죄악이라면 사회적인 면과 영적인 면에서 강조하는 것이 보통이다. 시편에는 이 양자가 모두 존재한다. 사회적인 죄악을 철저하고 적나라하게 파헤치는 반면, 영적인 면도 깊이 취급한다. 그러나 엄밀히 파고들면 그 둘은 영적인 죄악이다. 그런 의미에서 시편의 죄악관은 영적이요 개인적이다.

(3) 시편이 이해한 징벌 : 시편에서 말하는 징벌의 원리는 악인과 의인에 대한 궁극적인 징벌과 보상이다. 악인의 번영은 있을 수 있으나 일시적이므로 의인이 낙심할 바 아니다. 그들에게는 마침내 징벌이 있을 것이다. 그럼에도 불구하고 의인이 자기의 연한이 차기 전에 핍박으로 죽어 가고, 악인은 고통없이 자기의 수명을 채우고 죽기도 한다. 이에 대한 문제는 결국 메시아를 대망케 하고, 최후의 심판에 대한 믿음을 심화시켜 주었으며, 또한 사후 세계의 궁극성을 바라보게 해 주었다.

1

2

3

4

5

6

2

2

3

4

5

6

7

8

9

10

11

12

3

1

2

3

4

5

6

7

8

4

1

2

3

4

5

6

7

8

5

1

2

3

4

5

6

7

8

9

10

11

12

6

1

2

3

4

5

6

7

8

9

10

7

1

2

3

4

5

6

7

8

9

10

11

12

13

14

15

16

17

8

1

2

3

4

5

6

7

8

9

9

1

2

3

4

5

6

7

8

9

10

11

12

13

14

15

16

17

18

19

20

10

2

3

4

5

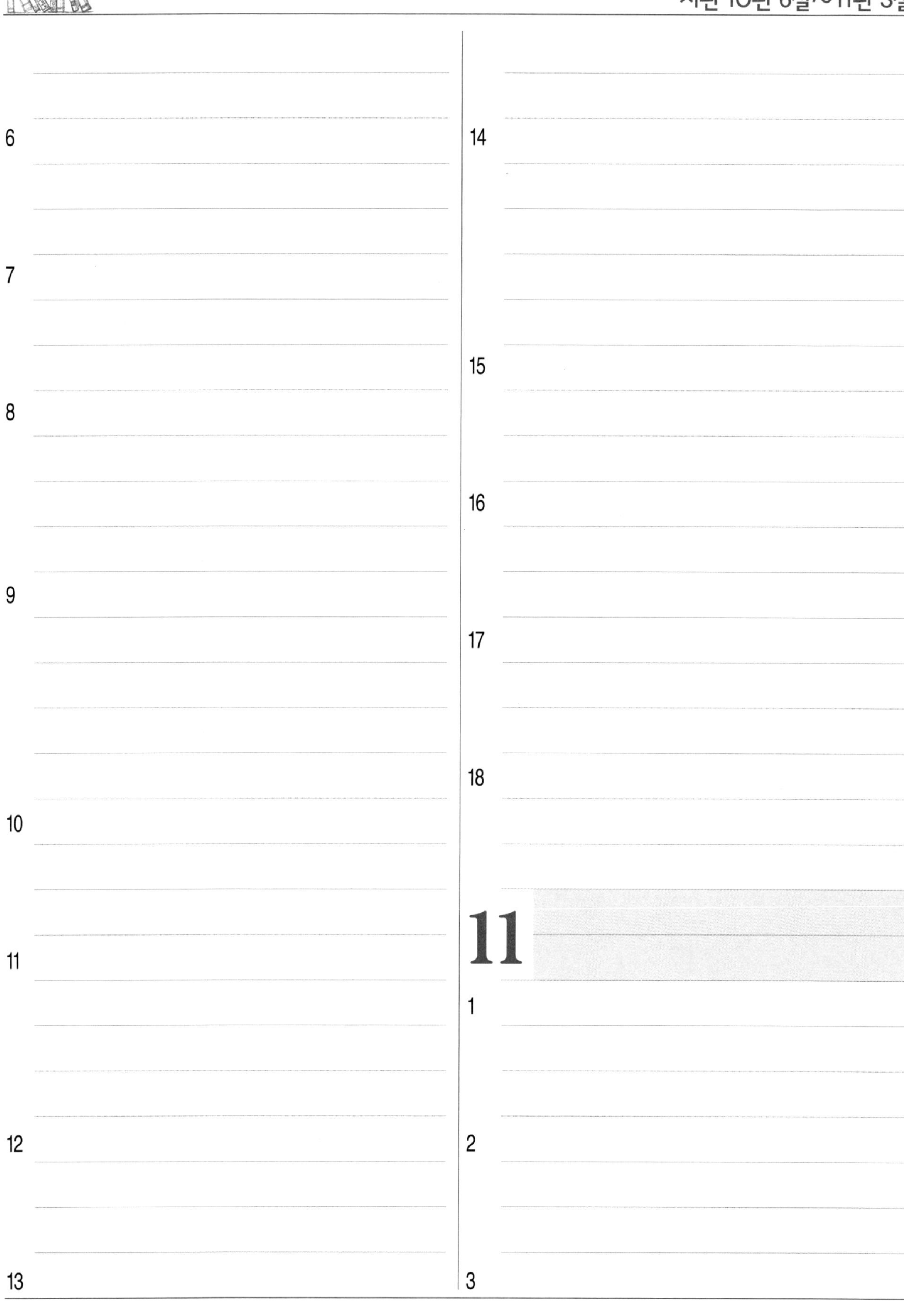

6

7

8

9

10

11

12

13

14

15

16

17

18

11

1

2

3

4

5

6

7

12

1

2

3

4

5

6

7

8

13

1

2

3

4

5

6

14

1

2

3

4

5

6

7

15

2

3

4

5

16

2

3

4

5

6

7

8

9

10

11

17

2

3

4

5

6

7

8

9

10

11

12

13

14

15

18

1

2

3

4

5

6

7

8

9

10

11

12

13

14

15

16

17

18

19

20

21

22

23

24

25

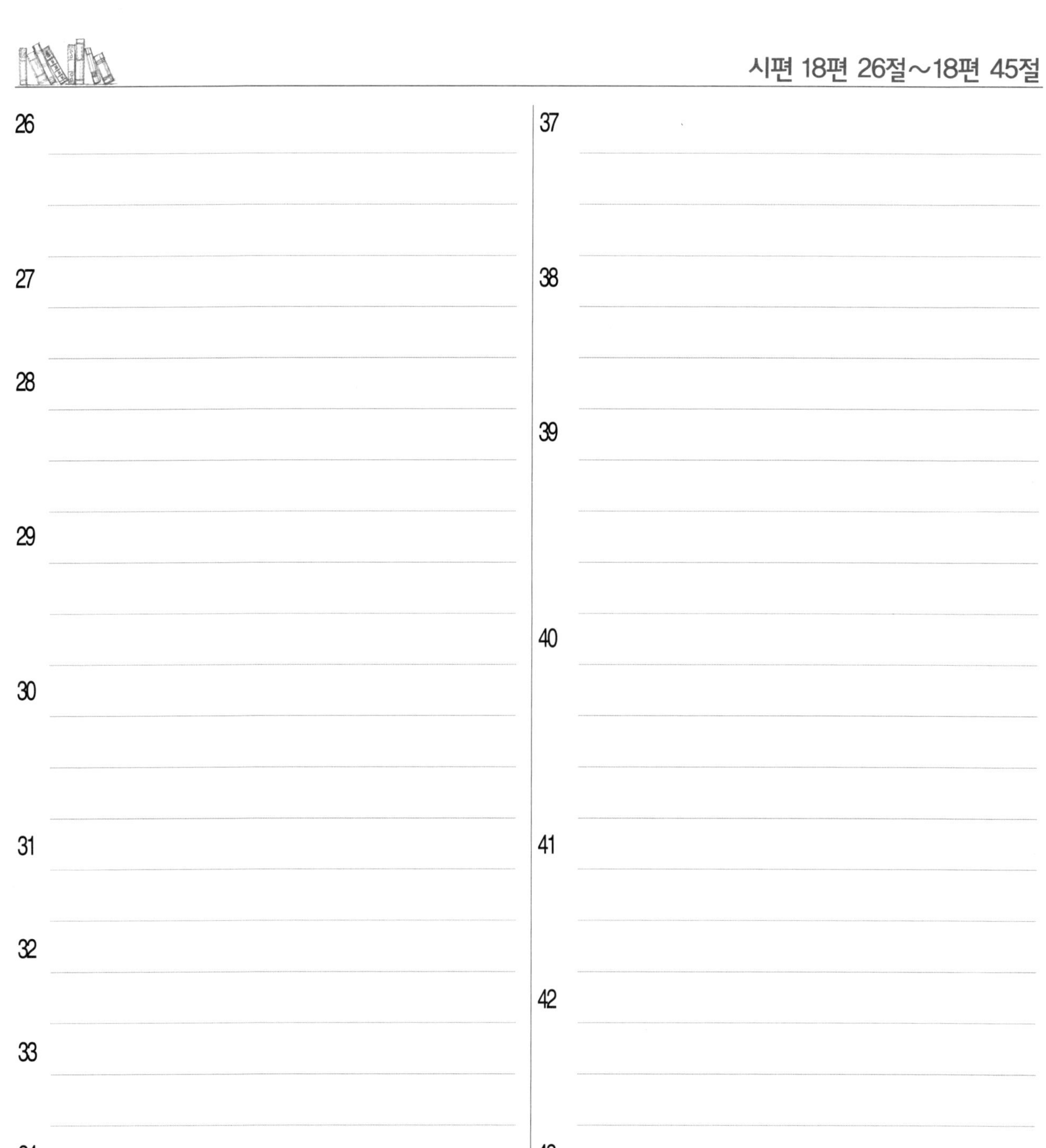

26

27

28

29

30

31

32

33

34

35

36

37

38

39

40

41

42

43

44

45

46

47

48

49

50

19

1

2

3

4

5

6

7

8

9

10

11

12

13

14

20

1

2

3

4

5

6

7

8

9

21

1

2

3

4

5

6

7

8

9

10

11

12

13

22

1

2

3

4

5

6

7

8

9

10

11

12

13

14

15

16

17

18

19

20

21

22

23

24

25

26

27

28

29

30

31

23

2

3

4

5

6

24

2

3

4

5

6

7

8

9

10

25

2

3

4

5

6

7

8

9

10

11

12

13

14

15

16

17

18

19

20

21

22

26

2

3

4

5

6

7

8

9

10

11

12

27

2

3

4

5

6

7

8

9

10

11

12

13

14

28

2

3

4

5

6

7

8

9

29

2

3

4

5

6

7

8

9

10

11

30

2

3

4

5

6

7

8

9

10

11

12

31

1

2

3

4

5

6

7

8

9

10

11

12

13

14

15

16

17

18

19

20

21

22

23

24

32

2

3

4

5

6

7

8

9

10

11

33

2

3

4

5

6

7

8

9

10

11

12

13

14

15

16

17

18

19

20

21

22

34

1

2

3

4

5

6

7

8

9

10

11

12

13

14

15

16

17

18

19

20

21

22

35

2

3

4

5
6
7
8
9
10
11
12
13
14
15
16
17
18
19
20

21

22

23

24

25

26

27

28

36

1

2

3

4

5

6

7

8

9

10

11

12

37

2

3

4

5

6

7

8

9

10

11

12

13

14

15

16

17

18

19

20

21

22

23

24

25

26

27

28

29

30

31

32

33

34

35

36

37

38

39

40

38

2

3

4

5

6

7

8

9

10

11

12

13

14

15

16

17

18

19

20

21

22

39

1

2

3

4

5

6

7

8

9

10

11

12

13

40

1

2

3

4

5

6

7

8

9

10

11

12

13

14

15

16

17

41

1

2

3

4

5

6

7

8

9

10

11

12

13

42

1

2

3

4

5

6

7

8

9

10

11

43

2

3

4

5

44

1

2

3

4

5

6

7

8

9

10

11

12

13

14

15

16

17

18

19

20

21

22

23

24

25

26

45

1

2

3

4

5

6

7

8

9

10

11

12

13

14

15

16

17

46

1

2

3

4

5

6

7

8

9

10

11

47

1

2

3

4

5

6

7

8

9

48

2

3

4

5

6

7

8

9

10

11

12

13

14

49

1

2

3

4
5
6
7
8
9
10
11
12
13
14
15
16
17
18
19
20

50

2

3

4

5

6

7

8

9

10

11

12

13

14

15

16

17

18

19

20

21

22

23

51

1

2

3

4

5

6

7

8

9

10

11

12

13

14

15

16

17

18

19

52

1

2

3

4

5

6

7

8

9

53

1

2

3

4

5

6

54

1

2

3

4

5

6

7

55

1

2

3

4

5

6

7

8

9

10

11

12

13

14

15

16

17

18

19

20

21

22

23

56

1

2

3

4

5

6

7

8

9

10

11

12

13

57

1

2

3

4

5

6

7

8

9

10

11

58

1

2

3

4

5

6

7

8

9

10

11

59

1

2

3

4

5

6

7

8

9

10

11

12

13

14

15

16

17

60

1

2

3

4

5

6

7

8

9

10

11

12

61

1

2

3

4

5

6

7

8

62

1

2

3

4

5

6

7

8

9

10

11

12

63

1

2

3

4

5

6

7

8

9

10

11

64

1

2

3

4

5

6

7

8

9

10

65

1

2

3

4

5

6

7

8

9

10

11

12

13

66

2

3

4

5

6

7

8

9

10

11

12

13

14

15

16

17

18

19

20

67

1

2

3

4

5

6

7

68

1

2
3
4
5
6
7
8
9
10
11
12
13
14
15
16
17
18

19

20

21

22

23

24

25

26

27

28

29

30

31

32

33

34

35

69

1

2

3

4

5

6

7

8

9

10

11

12

13

14

15

16

17

18

19

20

21

22

23

24

25

26

27

28

29

30

31

32

33

34

35

36

70

1

2

3

4

5

71

2

3

4

5

6

7

8

9

10

11

12

13

14

15

16

17

18

19

20

21

22

23

24

72

2

3

4

5

6

7

8

9

10

11

12

13

14

15

16

17

18

19

20

73

2

3

4

5

6

7

8

9

10

11

12

13

14

15

16

17

18

19

20

21

22

23

24

25

26

27

28

74

2

3

4

5

6

7

8

9

10

11

12

13

14

15

16

17

18

19

20

21

22

23

75

1

2

3

4

5

6

7

8

9

10

76

1

2

3

4

5

6

7

8

9

10

11

12

77

1

2

3

4

5

6

7

8

9

10

11

12

13

14

15

16

17

18

19

20

78

2

3

4

5

6

7

8

9

10

11

12

13

14

15

16

17

18

19

20

21

22

23

24

25

26

27

28

29

30

31

32

33

34

35

36

37

38

39

40

41

42

43

44

45

46

47

48

49

50

51

52

53

54

55

56

57

58

59

60

61

62

63

64

65

66

67

68

69

70

71

72

79

2

3

4

5

6

7

8

9

10

11

12

13

80

1

2

3

4

5

6

7

8

9

10

11

12

13

14

15

16

17

18

19

81

1

2

3

4

5

6

7

8

9

10

11

12

13

14

15

16

82

2

3

4

5

6

7

8

83

2

3

4

5

6

7

8

9

10

11

12

13

14

15

16

17

18

84

1

2

3

4

5

6

7

8

9

10

11

12

85

1

2

3

4

5

6

7

8

9

10

11

12

13

86

2

3

4

5

6

7

8

9

10

11

12

13

14

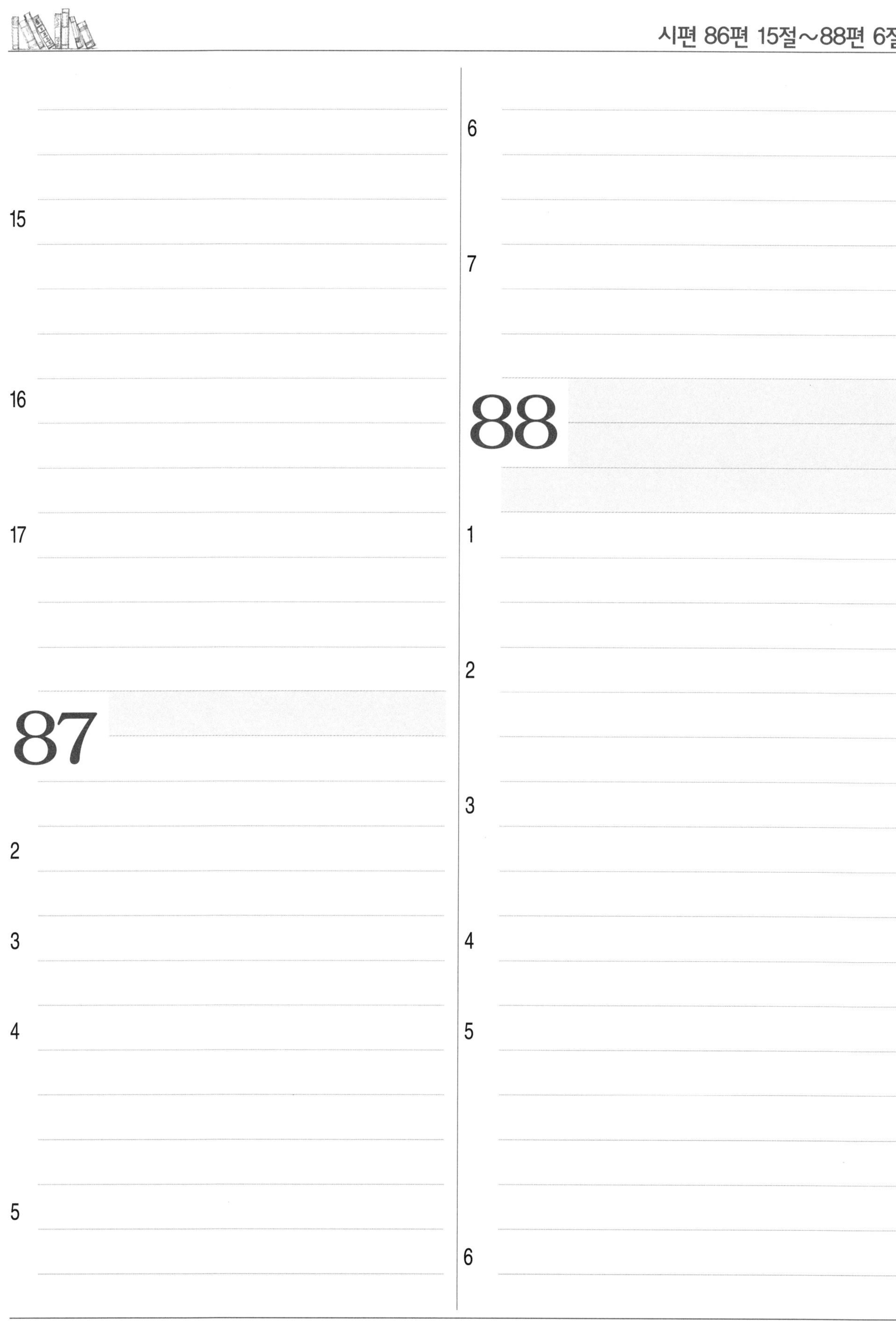

15

16

17

87

2

3

4

5

6

7

88

1

2

3

4

5

6

7

8

9

10

11

12

13

14

15

16

17

18

89

2

3

4

5

6

7

8

9

10

11

12

13

14

15

16

17

18

19

20

21

22

23

24

25

26

27

28

29

30

31

32

33

34

35

36

37

38

39

40

41

42

43

44

45

46

47

48

49

50

51

52

90

2

3

4

5

6

7

8

9

10

11

12

13

14

15

16

17

91

2

3

4

5

6

7

8

9

10

11

12

13

14

15

16

92

1—3

4

5

6

7

8

9

10

11

12

13

14

15

93

2

3

4

5

94

2

3

4

5

6

7

8

9

10

11

12

13

14

15

16

17

18

19

20

21

22

23

95

2

3

4

5

6

7

8

9

10

11

96

2

3

4

5

6

7

8

9

10

11

12

13

97

2

3

4

5

6

7

8

9

10

11

12

98

2

3

4

5

6

7

8

9

99

2

3

4

5

6

7

8

9

100

2

3

4

5

101

2

3

4

5

6

7

8

102

1

2

3

4

5

6

7

8

9

10

11

12

13

14

15

16

17

18

19

20

21

22

23

24

25

26

27

28

103

2

3

4

5

6

7

8

9

10

11

12

13

14

15

16

17

18

19

20

21

22

104

2

3

4

10

11

12

13

14

15

16

17

18

19

20

21

22

23

24

25

26

27

28

29

30

31

32

33

34

35

36

37

38

39

40

41

42

43

44

45

106

2

3

4

5

6

7

8

9

10

11

12

13

14

15

16

17

18

19

20

21

22

23

24

25

26

27

28

29

30

31

32

33

34

35

36

37

38

39

40

41

42

43

44

45

46

47

48

107

2

3

4

5

6

7

8

9

10

11

12

13

14

15

16

17

18

19

20

21

22

23

24

25

26

27

28

29

30

31

32

33

34

35

36

37

38

39

40

41

42

43

108

2

3

4

5

6

7

8

9

10

11

12

13

109

1

2

3

4

5

6

7

8

9

10

11

12

13

14

15

16

17

18

19

20

21

22

23

24

25

26

27

28

29

30

31

110

2

3

4

5

6

7

111

2

3

4

5

6

7

8

9

10

112

2

3

4

5

6

7

8

6

7

8

9

10

11

12

13

14

15

16

17

18

19

117

2

118

2

3

4

5

6

7

8

9

10

11

12

13

14

15

16

17

18

19

20

21

22

23

24

25

26

27

28

29

119

2

3

4

5

6

7

8

9

10

11

12

13

14

15

16

17

18

19

20

21

22

23

24

25

26

27

28

29

30

31

32

33

34

35

36

37

38

39

40

41

42

43

44

45

46

47

48

49

50

51

52

53

54

55

56

57

58

59

60

61

62

63

64

65

66

67

68

69

70

71

72

73

74

75

76

77

78

79

80

120

121

122

123

124

125

126

127

128

129

130

131

132

133

134

135

136

137

138

139

140

141

142

143

144

145

146

147

148

149

150

151

152

153

154

155

156

157

158

159

160

161

162

163

164

165

166

167

168

169

170

171

172

173

174

175

176

120

2

3

4

5

6

7

121

2

3

4

5

6

7

8

122

1

2

3

4

5

6

7

8

9

123

2

3

4

124

1

2

3

4

5

6

7

8

125

2

3

4

5

126

2

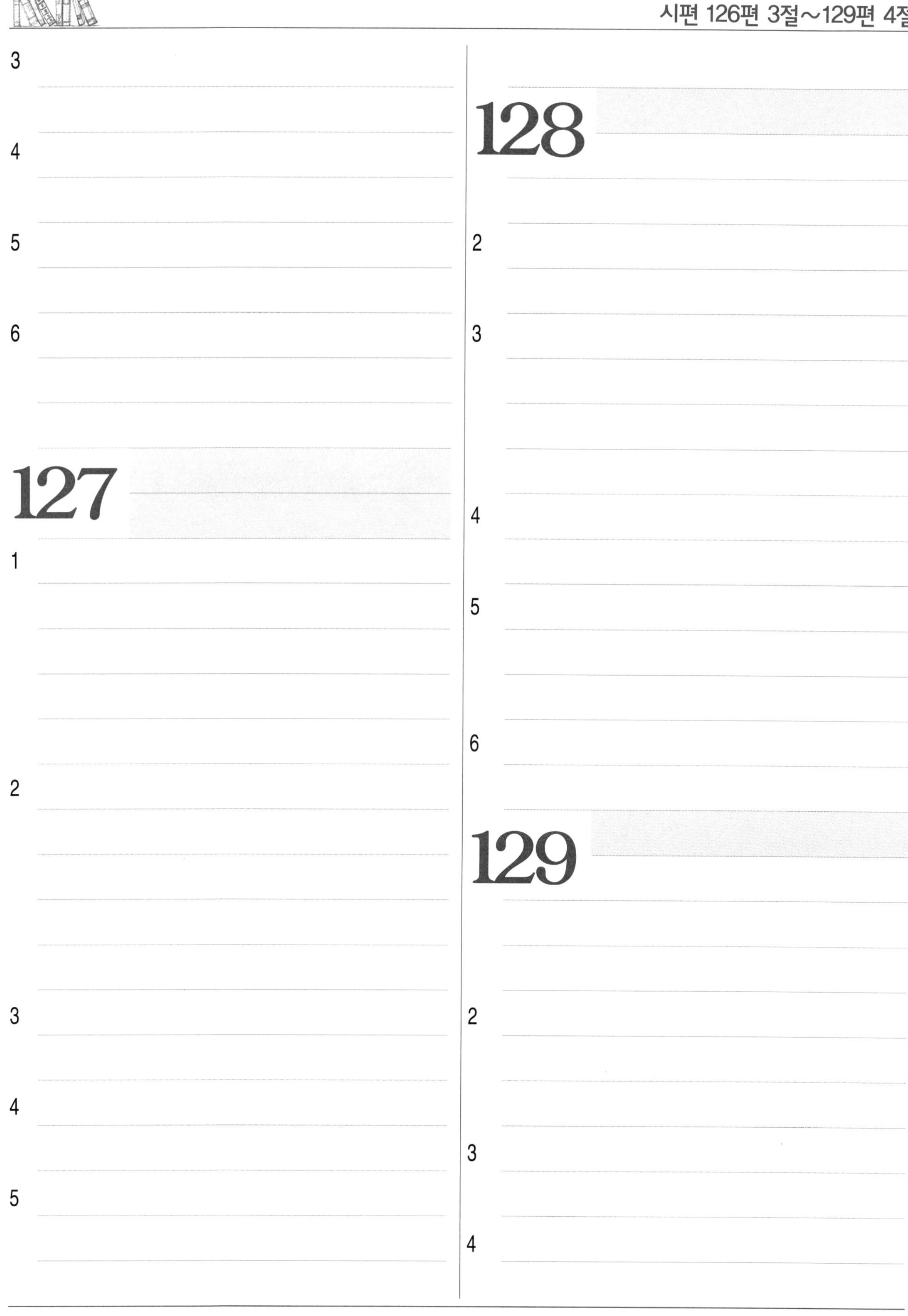

3

4

5

6

127

1

2

3

4

5

128

2

3

4

5

6

129

2

3

4

5

6

7

8

130

2

3

4

5

6

7

8

131

1

2

3

132

2

3

4

5

6

7

8

9

10

11

12

13

14

15

16

17

18

133

1

2

3

134

2

3

135

2

3

4

5

6

7

8

9

10

11

12

13

14

15

16

17

18

19

20

21

136

2

3

4

5

6

7

8

9

10

11

12

13

14

15

16

17

18

19

20

21

22

23

24

25

26

137

2

3

4

5

6

7

8

9

138

2

3

4

5

6

7

8

139

1

2

3

4

5

6

7

8

9

10

11

12

13

14

15

16

17

18

19

20

21

22

23

24

140

1

2

3

4

5

6

7

8

9

10

11

12

13

141

2

3

4

5

6

7

8

9

10

142

1

2

3

4

5

6

7

143

2

3

4

5

6

7

8

9

10

11

12

144

2

3

4

5

6

7

8

9

10

11

12

13

14

15

145

2

3

4

5

6

7

8

9

10

11

12

13

14

15

16

17

18

19

20

21

146

2

3

4

5

6

7

8

9

10

147

2

3

4

5

6

7

8

9

10

11

12

13

14

15

16

17

18

19

20

148

2

3

4

5

6

7

8

9

10

11

12

13

14

149

2

3

4

5

6

7

8

9

150

2

3

4

5

6

MEMO

온마음 시편 쓰기성경®

2020년 2월 17일 1판 3쇄 발행

발행인 곽 성 종
발행처 (주)아가페출판사
등록번호 제21-754호(1995. 4. 12)
주 소 서울시 서초구 효령로8길 5 (방배동)
전 화 (02)584-4669 아가페 출판사